JEANNE KŒHLER-LUMIÈRE

1870 - 1926

Jeanne Kœhler-Lumière

1870 - 1926

NOTICE

ÉDITÉE PAR LE

DENIER DES ÉCOLES DE MONPLAISIR

POUR LES SOUSCRIPTEURS DE LA

Fondation JEANNE KŒHLER=LUMIÈRE

———

EXEMPLAIRE OFFERT A

M

Pour le Conseil d'administration :

LE PRÉSIDENT,

PRÉFACE

C'est avec stupeur que l'on apprit, le 24 novembre 1926, la mort de Madame Jeanne KŒHLER-LUMIÈRE. Pour la plupart des œuvres de bienfaisance de Lyon et plus particulièrement pour les œuvres de l'Enfance dont elle fut la véritable animatrice, c'était une perte irréparable. Elle consacrait tout son temps, toute son activité débordante à faire le bien. Partout où il y avait une misère à secourir, une œuvre sociale à encourager, elle apportait une collaboration féconde, un dévouement de tous les instants.

Dans les œuvres protectrices de l'enfance, c'est au Denier de Monplaisir qu'elle fit ses premières armes.

Elle y créa le « Comité des Dames patronnesses » et le titre de « Présidente » que lui donnaient si souvent ses intimes marquait l'autorité amicale que lui reconnaissaient ses dévouées collaboratrices depuis cette première présidence.

C'était donc au Denier de Monplaisir que revenait l'honneur de prendre l'initiative d'une manifestation de reconnaissance destinée à rendre hommage à cette grande bienfaitrice des déshérités. Cette initiative, notre Conseil d'administration l'a prise avec enthousiasme et le succès est venu couronner ses efforts.

La modeste plaquette que nous publions ne donnera certainement qu'une bien faible idée de ce que furent sa vie et son œuvre. Mais nous aurons du moins la double satisfaction de continuer son action bienfaisante et de perpétuer son souvenir.

Grâce au concours empressé de tous ses amis, nous avons recueilli par souscription une somme importante dont la rente sera distribuée tous les ans aux enfants de nos écoles. La « Fondation Jeanne KŒHLER-LUMIÈRE » donnera chaque année un peu de joie et de bonheur à la jeunesse studieuse et aux enfants malheureux.

En agissant ainsi, nous sommes persuadés que nous nous conformons aux désirs les plus chers de la « Présidente ». Nous n'en voulons comme preuve que le trait suivant : Lorsqu'elle fut décorée de la Légion d'Honneur, ses amis qui étaient nombreux avaient réuni une grosse somme d'argent pour lui offrir un magnifique souvenir. Quand elle l'apprit, ce joli geste lui procura, à la fois, une très grande joie et une profonde tristesse. Pour elle, un bout de ruban rouge était bien suffisant. Le « souvenir », elle le *voulait pour les déshérités. Elle ne fut vraiment heureuse que lorsque ses amis, cédant à ses instances, lui permirent de verser intégralement la somme recueillie aux « Pupilles de la Nation ».*

Voilà pourquoi nous n'avons pas voulu distraire la moindre somme de cette belle souscription. Qu'on ne nous reproche pas surtout de n'avoir pas fait graver les traits de Jeanne KŒHLER-LUMIÈRE sur des plaquettes de bronze que nous aurions distribuées à tous les souscripteurs et à tous les amis ! C'eût été contraire à toutes ses idées. Tout ira donc aux enfants des écoles et aux petits de la « Maternelle » qu'elle a tant aimés.

Et tous les ans, on pensera à elle.

Le Président du Denier de Monplaisir,
Docteur A. GÉLIBERT.

Jeanne Kœhler-Lumière

Madame Jeanne Kœhler-Lumière est née à Besançon (Doubs), le 2 avril 1870, l'année même où sa famille abandonna cette résidence pour venir se fixer à Lyon.

C'est donc à juste titre qu'elle a pu revendiquer le titre de lyonnaise et qu'elle s'est si profondément attachée à cette Cité où elle a passé son existence tout entière et fondé son foyer, par son mariage avec Monsieur le Professeur René Kœhler, de la Faculté des Sciences, le 25 Septembre 1890.

Dès son enfance, aux heures parfois difficiles qui marquèrent les débuts de l'industrie photographique, dont son père Antoine LUMIÈRE et ses deux frères aînés Auguste et Louis LUMIÈRE furent les créateurs, sa grâce souriante, sa bonté agissante, sa fine intelligence, le dévouement désintéressé qu'elle dispense en toute occasion, lui créent au milieu des siens et de ses proches une situation toute particulière.

Dans ce cercle intime de ses parents et de ses familiers, elle est, elle sera toute sa vie, la confidente préférée, la conseillère avertie, la compagne aimable, l'amie fidèle, toujours consultée, toujours accueillante, toujours prête à rendre service, à éviter une peine, ou à partager une joie.

Dans tous les milieux où elle fréquente, sa constante bonne humeur, son dévouement inlassable, lui conquièrent la sympathie de tous. Partout où il y a une bonne action à accomplir, une œuvre intéressante à créer ou à diriger, le nom de Madame KŒHLER est inscrit parmi les premières collaboratrices et jamais on ne fit en vain appel à son expérience, à son zèle, à sa générosité.

De bonne heure elle s'intéresse aux institutions philanthropiques, publiques ou privées, et il faudrait les citer toutes pour dresser le bilan complet de son activité bienfaisante.

Contentons-nous de rappeler brièvement, parmi les nombreuses fonctions dans lesquelles elle occupa un rôle de premier plan, celles de *délé-guée cantonale, présidente du Comité de Patronage des Ecoles Maternelles publiques de Lyon (7ᵉ arrᵗ), membre du Comité du Patronage de l'Ecole Supérieure de la rue Mazenod, pré-*

sidente du *Comité des Dames du
Denier des Écoles de Monplaisir*,
*membre du Conseil d'administration
de l'Union des Femmes de France*.

Pendant toute la durée de la
guerre, elle se dépense sans compter
comme *infirmière bénévole*, d'abord
à l'*Hôpital des Contagieux du Casino
de Cherbourg* (du 15 septembre 1914
au 15 avril 1915), ensuite à l'Hôtel-
Dieu de Lyon, dans le Service de
M. le Professeur BÉRARD (*salle d'opérations*) aux côtés de son frère, Auguste
LUMIÈRE.

La paix venue, elle apporte une
collaboration infiniment précieuse
aux œuvres sociales par lesquelles la
Patrie s'efforce de panser ses blessures,
comme *membre du Conseil d'administration de la section permanente
de la Commission médicale et de la
Commission chargée de l'examen des
subventions, à l'Office départemental*

des Pupilles de la Nation du Rhône, vice-présidente de la Section Cantonale du 7ᵉ arrondissement des Pupilles de la Vallée du Rhône, membre de la Commission d'Orientation professionnelle, présidente du Comité de Patronage des Mères et des Nourrissons à la sortie des Maisons maternelles (Le Vinatier-Gerland-La Samaritaine) (1921), vice-présidente du Comité de l'Œuvre « Pour les Petits de la Maternelle » (1924), vice-présidente de la Commission de contrôle de la Nourricerie du Vinatier (1925).

Madame KŒHLER-LUMIÈRE a pris, en outre, une part active à l'organisation du *Congrès du Conseil National des Femmes Françaises.*

Elle s'est beaucoup occupée, comme *présidente, de l'Organisation de la section lyonnaise d'Hygiène au Conseil National.*

Elle a, enfin, présenté dans diverses

réunions des rapports très remarqués sur la *lutte contre la mortalité infantile, la protection de la mère et celle de l'enfant du premier âge, à Lyon,* et elle a fait sur les mêmes sujets de nombreuses conférences de propagande.

Les services éminents de cette grande bienfaitrice ont été reconnus par de nombreuses récompenses officielles :

— La Médaille des Epidémies, en argent, en Février 1916;

— L'Insigne spécial en or, des Infirmières (Décret du 1er Mai 1917) le 1er Février 1918;

— La Médaille de la Reconnaissance Française, le 11 Mars 1920;

— La Médaille de l'Administration de l'Hôtel-Dieu de Lyon, en 1920;

— Les Palmes d'Officier d'Académie en Juillet 1921;

— Et, enfin, la Croix de la Légion d'Honneur, le 1er Janvier 1925.

Ce rapide exposé ne peut donner qu'une faible idée de l'œuvre accomplie avec une modestie et une constance admirables par cette femme de bien, dont la carrière a été retracée en termes émouvants dans les notes nécrologiques ci-après.

Allocution de M. le Professeur BRETIN

prononcée le 5 Décembre 1926,

en Hommage à la Mémoire de Madame Kœhler

à la fête annuelle

du Denier des Ecoles de Monplaisir

Mesdames, Messieurs,

La nombreuse assistance qui se presse dans cette salle, trop petite pour la contenir, n'est pas venue seulement attirée par un spectacle d'un goût parfait et d'une haute tenue artistique; elle est venue surtout pour apporter au Denier des Ecoles laïques et Cantines scolaires de Monplaisir, un précieux et réconfortant témoignage de sympathie.

Réunissant ainsi chaque année les nombreux amis de l'Œuvre, notre fête a véritablement le caractère d'une fête de famille.

Hélas, aux jours de fête comme aux jours de labeur, une chère présence nous manquera désormais, car vous savez tous par quel deuil cruel nous venons d'être frappés.

Je m'excuse d'assombrir un moment cette fête en évoquant ce deuil, mais mes collègues du Conseil d'administration du *Denier* m'ont expressément chargé de rendre en leur nom un public hommage de gratitude à cette grande bienfaitrice de notre œuvre que fut Madame KŒHLER.

Vous vous souvenez — c'était il y a dix jours — avec quelle morne stupeur et quelle désolation, par un triste matin de novembre, où la brume drapait la cité tout entière comme d'un voile de deuil, nous avons appris que la mort venait, une fois de plus, de frapper une famille déjà si durement éprouvée et, de façon soudaine et presque tragique, d'emporter Madame KŒHLER.

La cruauté de cette mort dont le retentissement a été si profond dans toute la Ville de Lyon a été plus particulièrement ressentie dans le quartier de Monplaisir, si attaché à juste titre à la famille LUMIÈRE.

Si le Conseil du *Denier* n'avait obéi qu'aux sentiments personnels de ses membres, la fête d'aujourd'hui n'aurait pas eu lieu; mais en la supprimant nous aurions été à l'encontre des désirs les plus chers de la défunte qui souhaitait voir sans cesse de nouvelles ressources permettre à notre *Denier* de mieux remplir son rôle social.

Mesdames, Messieurs,

Comme noblesse, nom oblige, Madame Kœhler appartenait à cette famille Lumière dont le magnifique renom scientifique honore la France et notre ville et s'étend dans le monde entier, mais où l'élévation de la pensée a toujours rejoint les plus hautes qualités du cœur.

Il était dans l'ordre naturel des choses que Madame Kœhler vînt à notre œuvre : au surplus, notre *Denier des Écoles de Monplaisir*, présidé depuis de longues années par le Docteur Gélibert l'avait été précédemment par le Professeur Kœhler, c'était donc dans une collaboration familiale que Madame Kœhler venait travailler avec tant d'ardeur pour les enfants de nos écoles.

Pas un de mes Collègues ne me démentira, si j'affirme que notre *Denier* vécut dès lors d'une vie nouvelle, tant fut vigoureuse l'impulsion qu'il reçut de cette remarquable animatrice.

Madame KŒHLER nous apportait son esprit d'initiative et de méthode, ses facultés d'organisation, son activité prodigieuse qui devait peu à peu déborder notre œuvre et s'exercer sur bien d'autres terrains d'entr'aide et de solidarité sociale, où devaient l'entraîner, dans un véritable apostolat, son amour de l'enfance et la générosité de son cœur.

Au *Denier*, ce fut d'abord la création de l'*Œuvre du Vestiaire*, avec la collaboration de Madame LAFONT, de Mesdames LUMIÈRE, de Madame GÉLIBERT et de nombreuses collaboratrices, gagnées à l'œuvre par la contagion de l'exemple.

Ce fut ensuite le *Comité des Dames:* Madame KŒHLER fut la créatrice et la présidente de cette section féminine de notre *Denier*, qui devait rendre les plus signalés services en s'occupant en particulier de nos *écoles mater-nelles*.

La sollicitude de Madame KŒHLER s'étendait aussi, en effet, sur les *tout petits*; elle la témoigna par son active collaboration à l'œuvre des « *Petits de la Maternelle du VII* arrondis-sement* » pour lesquels, entre autres choses, elle organisait l'envoi à la campagne, les œuvres officielles réser-vant les colonies de vacances aux enfants plus âgés; enfin je vous rap-pelle l'intérêt passionné qu'elle appor-tait à la *Crèche de Monplaisir,* où elle ne cessait d'encourager les mamans à se perfectionner dans l'art de soigner leurs petits et leur distribuait des prix pour créer parmi elles une bienfai-sante émulation.

Cette sollicitude pour les petits l'amena bien souvent aussi à la

Nourricerie du Vinatier dont elle s'occupa fort activement, comme membre du Comité de Patronage.

Je rappelle enfin le concours assidu qu'elle apporta à cette œuvre si utile de préservation sociale qu'est l'*Œuvre Antituberculeuse de Grancher*, et je puis témoigner des services que, pendant de longues années, Madame KœHLER n'a cessé de rendre à notre *Caisse des Ecoles de la Ville de Lyon*.

Toutes les œuvres de protection de l'enfance, toutes celles qui entourent l'école ou prolongent son action bienfaisante, ont trouvé dans cette femme de bien le soutien le plus sûr et la plus agissante sympathie. Quand, il y a un an, fut créée à l'école de filles de Combe-Blanche cette Amicale d'anciennes élèves aujourd'hui si prospère et qui a donné il y a deux semaines des preuves si éclatantes de vitalité, Madame KœHLER fut une des bonnes fées qui présidèrent à sa naissance et elle lui donna l'appui de son nom en en acceptant la présidence.

Elle appartenait à la délégation cantonale du VIIe arrondissement; puisque j'ai en ce moment l'honneur d'en être le président, il me sera permis, à ce titre, d'attester avec quelle assiduité et quel zèle, quel tact et quelle discrétion Madame KŒHLER remplissait encore ces modestes et pourtant si utiles fonctions.

Cette rapide énumération vous montre l'admirable floraison d'œuvres dont notre tant regrettée bienfaitrice s'était faite la protagoniste et auxquelles elle a donné le meilleur d'elle-même en leur sacrifiant jusqu'à sa santé !

Elle fit encore plus et mieux, et après son rôle dans toutes ces œuvres de paix, je dois rappeler le rôle important qu'elle a joué pendant la guerre.

Dès les premières semaines des hostilités, alors que l'angoisse pesait si lourdement sur les cœurs incertains, Madame Kœhler était allée où l'appelait une haute conception du devoir; pendant toute la durée de la guerre, elle s'astreignit à *servir* dans la plus complète et la plus noble acception du terme; chaque jour, on put voir cette infirmière bénévole se rendre au Grand Hôtel-Dieu, dans le service du Professeur Bérard, y assumer pendant de longues heures un rôle délicat et pénible, assister et aider à toutes les opérations, touchant aux plaies physiques avec des mains maternelles et avec la même infinie douceur qu'elle apportait à secourir les détresses morales.

Par son calme, sa maîtrise d'elle-même, son endurance, sa douceur et sa bonté, elle força l'admiration de tous dans ce même hôpital où, de son côté, Monsieur Auguste Lumière mettait avec la plus noble simplicité sa science et son dévouement au service de nos blessés.

Puis vint la paix, et ce fut vers une œuvre nouvelle, issue de la guerre, qu'elle tourna alors son dévouement et son activité.

Estimant elle aussi que nos morts « ont des droits sur nous », elle se fit la protectrice de leurs enfants et fut à Lyon, pour une large part, l'organisatrice effective de l'*Œuvre des Pupilles de la Nation*, dont elle devint membre élu de l'Office départemental.

Elle se livra à un énorme travail d'enquêtes et de visites et se mit littéralement au service des enfants et des familles qui la trouvèrent à toute heure prête à les accueillir et à les aider.

Son ingéniosité pour amener des ressoures à l'œuvre fut constamment

en éveil et donna des résultats considérables.

Ainsi, lorsque Monsieur Louis
Lumière ayant mis au point sa belle
découverte de la photographie en
relief en eut obtenu les premières
réalisations dans une série de por-
traits, Madame Koehler eut immédiate-
ment l'idée d'en faire une présentation
au public au profit des *Pupilles de la
Nation*.

Cette exposition fut faite avec
entrée gratuite, mais pendant toute
sa durée où défilèrent des milliers de
visiteurs devant ces clichés, Madame
Koehler ne cessa de solliciter la générosité du public et put ainsi recueillir
35.000 francs pour son œuvre.

L'une après l'autre, les distinctions
officielles étaient venues reconnaître
le persistant effort et l'action efficace
de cette âme d'élite : ce furent succes-
sivement les Palmes Académiques, la

Médaille de la Mutualité, la Médaille
de la Reconnaissance française et
enfin la Croix de Chevalier de la
Légion d'Honneur.

Ces récompenses si méritées ne
furent pour elle qu'autant d'encou-
ragements à continuer son œuvre
généreuse.

Elle aurait dû, en effet, pouvoir la
continuer pendant de longues années
encore; pourquoi faut-il qu'un stupide
et cruel destin l'ait ainsi enlevée si tôt
à l'affection de sa famille, à la respectueuse admiration de ses collaborateurs, à la reconnaissance de la foule
de ses obligés.

Lorsque, le 26 novembre, la longue
théorie d'une assistance silencieuse et
attristée conduisit sa pompe funèbre
jusqu'au cimetière. il y avait derrière
ce cercueil l'élite de la population
lyonnaise, mais il y avait surtout les
habitants du quartier de Monplaisir;

ils venaient rendre un suprême hommage à cette femme de bien, qui durant si longtemps s'était miséricordieusement penchée sur tant de misères et tant de douleurs, et qui ayant accompli un énorme labeur, mais avant néanmoins que sa journée fût pleine, venait de s'endormir dans la paix.

Mesdames, Messieurs,

Mes Collègues du Conseil d'administration du *Denier* ont pensé que c'était dans cette réunion familiale d'aujourd'hui qu'il convenait de retracer à grands traits l'œuvre admirable de Madame KŒHLER et de lui rendre plus spécialement hommage pour le rôle prépondérant qu'elle a rempli dans notre chère société.

Nous mesurons très exactement la

perte que nous avons faite, nous savons qu'elle est irréparable; mais en apportant à la chère mémoire de Madame KŒHLER le pieux tribut de notre vénération et de notre gratitude, nous saurons du moins puiser dans son souvenir et dans son exemple, la volonté résolue de continuer son œuvre de prédilection en apportant notre vigilante sollicitude aux enfants de ce quartier, à ces enfants auxquels s'était donné tout entier ce grand cœur qui vient de cesser de battre !

Lettre de M. le Professeur JOSSERAND

DOYEN DE LA FACULTÉ DE DROIT

Président de l'Office départemental du Rhône

des Pupilles de la Nation

La disparition de Madame KŒHLER, si prématurée et si soudaine, a laissé, dans notre *Office Départemental des Pupilles de la Nation*, un vide immense et qui ne sera pas comblé ; c'est que notre éminente collaboratrice était tout zèle, tout activité, tout dévouement, et qu'elle marquait les œuvres auxquelles elle s'intéressait, et celle-là tout particulièrement, d'une empreinte personnelle ineffaçable.

C'est dès le jour de la fondation de

cet établissement, au printemps de l'année 1918, en pleine guerre, que Madame KŒHLER nous a prêté le secours de ses rares qualités : depuis cette date jusqu'au moment où le mal terrassa sa volonté ardente, elle prodigua à nos Pupilles les trésors de son affection et de sa sollicitude, de son intelligence et de son cœur. *Membre du Conseil d'Administration et de la Section permanente*, elle siégea pendant de longues années dans une Commission dont la tâche est singulièrement lourde et délicate : celle qui statue sur la concession des subventions sollicitées par les familles de nos orphelins, en vue de leur entretien, de leur instruction, de leur apprentissage, de leur santé ou de leur établissement. Pour s'acquitter heureusement d'une telle mission, il faut de l'expérience, de la patience, de la perspicacité et aussi cet esprit d'impartialité qui doit présider, en toute circonstance, à la mise en œuvre de la législation protectrice des orphelins de la guerre ; il faut être animé d'une volonté de justice inflexible en même temps que d'un dévouement à toute épreuve. Ces rares qualités, Madame Kœhler les possédait toutes, à un très haut degré : toujours la première au travail, elle avait fini par connaître admirablement les milliers de familles dont les intérêts lui étaient ainsi confiés, et. mieux que toute autre, elle était à même d'assurer une justice distributive exacte dans le cercle de son activité inlassable.

Cette activité, ce n'était d'ailleurs pas seulement dans notre organisme central qu'elle trouvait à l'employer, c'était aussi dans la *Section du VIIe arrondissement* à laquelle elle appartenait et dont elle était la Présidente estimée et vénérée, et ainsi son action se faisait sentir dans tous les rouages de notre organisation si complexe, avec un bonheur, une sûreté, une efficacité auxquels chacun rendait hommage. Prodigue de ses deniers, comme de son travail et de son cœur, Madame KŒHLER était vraiment la Providence de ces jeunes et innocentes victimes de la guerre qui trouvaient auprès d'elle appui, réconfort et consolation.

Tant de dévouement et tant de mérite devaient attirer sur notre collaboratrice l'attention du Gouvernement qui, après lui avoir décerné différents témoignages de sa satisfaction, lui attribua une récompense plus rare : le ruban rouge de la Légion d'Honneur ne pouvait être mieux porté qu'il ne l'était par cette grande femme de bien.

Nous qui avons eu l'honneur d'être ses collaborateurs, nous conservons fidèlement son souvenir ; nous croyons encore la voir siéger parmi nous, si utilement, avec tant d'autorité ; nous croyons entendre encore sa parole, si entraînante et si persuasive ; nous n'oublierons pas sa cordialité, sa grande bonté, sa belle humeur si communicative et cette remarquable intelligence qui venait compléter et couronner de rares qualités de cœur. Puisse cette assurance et puisse ce suprême hommage adoucir la douleur de ceux qui l'ont perdue et dont nous comprenons la peine, puisque nous la partageons.

Lettre de M. le Docteur P. VIGNE

Directeur du Bureau municipal d'Hygiène
de la ville de Lyon

La disparition prématurée de Madame KŒHLER-LUMIÈRE a été vivement ressentie dans les diverses œuvres d'assistance maternelle et infantile en relation avec l'Administration municipale et plus particulièrement dans deux d'entre elles où, pendant de nombreuses années, cette femme de bien a prodigué sans compter les admirables ressources de son cœur généreux : *la Maison des Mères* du Château de Gerland et *le Comité de*

Patronage pour l'aide aux Tout-Petits dans les Écoles maternelles.

C'est peu de temps après la création de l'Asile maternel ouvert au filles-mères par la clairvoyante philanthropie de M. le Maire de Lyon, Édouard HERRIOT, que M. le Préfet du Rhône eut l'idée heureuse de constituer un *Comité de Patronage des Nourrissons et des Mères,* chargé d'apporter aux infortunées qui accouraient vers ce refuge, ainsi qu'à celles qu'abritait l'œuvre de *la Samaritaine* et de *la Nourricerie départementale du Vinatier*, une aide à la fois matérielle et morale, dont elles avaient un si grand besoin.

Madame KŒHLER fut, naturellement, l'une des premières à répondre à cet appel. Et, tout de suite, à *la Maison des Mères,* où elle multipliait ses visites, son zèle charitable sut réaliser des prodiges. Personne ne sut mieux

qu'elle, faire comprendre à nos jeunes
mères toutes les consolations qu'elles
pouvaient attendre de l'accomplissement de leur devoir. Nul ne sut
trouver, pour les réconforter, des
paroles plus douces et plus indul-
gentes, celles qui font revivre l'espoir
dans un cœur en détresse! Avec quelle
ardeur elle allait, en compagnie de
quelques collaboratrices d'élite, mul-
tipliant les démarches pour éviter à
nos pensionnaires tout retard dans le
règlement de leurs allocations, pour
leur assurer, à leur sortie, le moyen
d'élever dignement leurs enfants,
pour leur procurer pendant leur séjour
mille douceurs qui leur faisaient
oublier leurs angoisses. Que de peines
et de temps nécessaires pour arriver à
remplir un tel programme. Mais aussi,
quelle récompense dans les larmes
de reconnaissance, échappées des yeux
de celles que, tant de fois, d'une

main secourable, elle avait ainsi ra-
menées sur le chemin du bonheur!

A Brignais, pour les Tout-Petits,
déshérités de la fortune ou atteints
dans leur santé, elle fut pareillement
le bon génie devant lequel s'appla-
nissent tous les obstacles.

J'ai gardé, très vif, le souvenir de
nos premières visites dans cette pro-
priété, mise à la disposition du Comité
des *Dames patronnesses des Ecoles
Maternelles* par la Municipalité lyonnaise : une vaste maison rustique,
avec des locaux nombreux, mais
depuis longtemps inoccupés, où de
coûteuses réparations étaient nécessaires. Or, l'argent était rare pour ces
premiers aménagements. Qu'importe,
il fallait aller de l'avant, fonctionner
à tout prix pour démontrer l'utilité
de l'œuvre. Aucune difficulté ne rebute
ceux dont les yeux sont fixés sur un
idéal! On le vit bien lorsque les diri-

geantes de l'œuvre, Madame KŒHLER
en tête, eurent pris possession du logis.
En peu de temps, les vieux apparte-
ments poussiéreux et tristes prirent
l'aspect riant et confortable qui convenait pour recevoir les nouveaux
occupants. Et dès la première saison,
tout un peuple de bambins trouva là,
à profusion, de la joie et de la santé.
Le miracle de la bonté opérait une fois
de plus. Et chaque année, depuis, il
s'est renouvelé en s'amplifiant. Car
chaque année il s'agissait de faire plus
et mieux, de rendre service à un plus
grand nombre d'enfants. Les améliorations ont succédé aux améliorations.
Hélas! celle qui fut l'animatrice s'est
éteinte à l'heure même où allait se
réaliser son rêve, au moment où la
Colonie de Brignais va devenir une
colonie permanente, et poursuivre,
tout au long de l'année sa bienfaisante
action.

Bien d'autres circonstances encore nous ont permis d'apprécier les qualités exceptionelles de cette femme de cœur.

Dans nos *Crèches*, dans nos *Pouponnières municipales*, elle fut la fée souriante, répandant les bienfaits à pleines mains, avec une modestie charmante, qui en doublait le prix.

Collaboratrice de la *Caisse des Ecoles*, elle sut toujours apporter des conseils écoutés et payer largement de sa personne, chaque fois qu'il s'agissait soit d'organiser la fête annuelle de bienfaisance, soit de constituer ou de faire fonctionner les *Colonies de Vacances* dans lesquelles nos petits étiolés des écoles municipales vont, chaque été, reconstituer leur santé défaillante à la montagne ou à la mer.

Pendant la guerre, malgré ses propres angoisses, ayant plusieurs de ses proches aux armées, au mépris de sa

santé déjà défaillante, elle vint dès
la première heure, s'installer au chevet
des malades
et blessés
militaires, à
Cherbourg
d'abord, à
Lyon en-
suite, à l'Hô-
pital auxili-
aire organisé
à Monplaisir
par l'un des
membres de
sa famille et
enfin dans
le service du
Professeur
Bérard à
l'Hôtel-Dieu

auprès des victimes de cette redou-
table infection : le tétanos, dont les
belles recherches de son frère,

A. Lumière, devaient bientôt enrayer les ravages

Je laisse à d'autres personnes, plus qualifiées, le soin de dire tout ce qu'elle a dépensé de zèle et d'activité intelligente au service d'autres œuvres sociales comme *l'Office départemental d'Orientation professionnelle* et, surtout, *le Comité départemental des Pupilles de la Nation*, dont elle fut l'une des plus actives collaboratrices, et où elle a rendu des services éminents récompensés, il y a quelques années à peine, par la Croix de la Légion d'Honneur.

Ceux-là seuls peuvent apprécier à sa juste valeur cette apôtre de la philanthropie, qui l'ont vue à l'œuvre, qui savent avec quelle délicatesse, quelle simplicité souriante, quelle intelligence et quelle modestie, elle accomplissait sa mission.

Toutes les Œuvres d'entr'aide et

de solidarité trouvaient en elle une zélatrice ardente, convaincue, désintéressée. Aucun de ceux qui songent à réaliser quelque progrès social, à soulager quelque misère, à combattre quelque fléau, n'a jamais fait appel en vain à son concours, quelles que fussent les difficultés de la tâche à remplir. Elle fut vraiment la Providence des Tout-Petits, des humbles, des déshérités.

En cette période d'égoïsme outrancier, elle a donné l'exemple d'une abnégation rare, poussée jusqu'au sacrifice complet d'elle-même, fidèle en cela à la tradition de cette famille LUMIÈRE si hautement estimée, non-seulement pour sa participation éclatante au rayonnement scientifique de notre Cité, mais aussi pour la noblesse de ses sentiments humanitaires.

Sa fin, vraiment stoïque, fut digne d'une telle existence. Ayant conservé jusqu'au dernier moment la pleine lucidité de son esprit et consciente de l'inutilité des efforts tentés pour l'arracher à la mort, elle n'eut pas un mot pour se plaindre ou s'apitoyer sur son sort. Ses seules paroles furent pour adresser à son entourage les recommandations nécessaires, afin d'assurer la continuité de son œuvre, pour que sa disparition n'eût pas de conséquences trop graves pour tous ceux auxquels elle s'était dévouée toute sa vie.

Si, comme aimait à le dire Pasteur : « la grandeur des actions humaines se mesure à l'inspiration qui les a fait naître », la vie de Madame KŒHLER, tout entière consacrée à l'accomplissement du devoir, à la pratique désintéressée du bien, mérite de laisser dans les annales de notre Ville un souvenir impérissable.

Lettre de Madame Pauline LAFONT

au nom des Amies de Madame KŒHLER

L'hommage rendu à la regrettée Madame KŒHLER-LUMIÈRE ne serait pas complet si, aux témoignages d'admiration et de reconnaissance, ne s'ajoutait pas un souvenir affectueux venant d'une amie au nom de ses amis. L'honneur d'avoir été choisie pour être l'interprète de ceux que des liens d'amitié unissaient à la chère Disparue m'a profondément émue. D'autres seraient peut-être mieux qualifiés, pour exprimer en termes plus éloquents les sentiments qui ont fait de *Celle que nous pleurons* une de ces âmes d'élite formant la meilleure part du trésor moral de l'Humanité. Mais en laissant très simplement parler mon cœur, j'espère néanmoins trouver le chemin des vôtres, car, seul le souvenir du sien, si bon, si sincère, guidera ma pensée. Les grandes douleurs étant muettes, je vous demanderai seulement du recueillement. Concentrant alors entièrement notre attention sur notre inoubliable amie, nous trouverons chacun, selon nos liens ou nos rapports avec l'incomparable Madame Kœhler, le tribut de l'affection que nous désirons lui apporter en échange de l'amour que sous toutes ses formes, et sans compter, elle nous a si largement témoigné à tous. Elle fut en effet tout *Amour*.

Fille respectueuse et tendre, déjà grand'mère elle-même, elle sut toujours rester l'enfant de sa " Petite Mère ". Compagne vaillante, qui aime, soutient et console, on la trouve l'Ange de son Foyer. Son mari, ses enfants, sont l'objet d'une sollicitude sans égale, et les serviteurs eux-mêmes ont leur part de bonheur. Mère douce et indulgente, elle devient l'exquise "Maman JEANNE" de ses petits-enfants. Centre moral de toute sa grande et belle famille qui, après une longue période heureuse fut si durement éprouvée, elle sait faire rayonner sur chacun les trésors de son âme ardente et dévouée. C'est auprès de Jeanne que tous trouvent le refuge désiré dans la peine comme dans la joie, plus encore aux heures de lutte et de tristesse qu'à celles de bonheur et de gloire. A la mort prématurée de ses sœurs tant ai-mées dont la similitude des sentiments rendait l'union si parfaite, la Tante devient une mère. Ses nièces auront le souvenir béni de deux Mamans pour les guider dans la vie.

La haute intelligence de notre amie lui permet de suivre les travaux des distingués savants de son entourage, mais son cœur, qui sait si bien encourager et stimuler les énergies par son optimisme et sa confiance, ne perd jamais de vue ses buts de bienfaisance. Les sommes considérables recueillies au profit des Pupilles de la Nation par l'exposition des photographies en relief de Monsieur Louis Lumière, sont encore présentes à toutes les mémoires. Elle avait pour ses frères l'admiration que l'Univers entier leur a vouée ; à juste titre elle pouvait être fière d'eux, mais à leur tour ils peuvent être fiers d'elle.

Si, sincèrement, nous essayons de comprendre et d'atteindre l'esprit qui animait l'âme noble entre toutes de notre amie, le cadre restreint de ce petit opuscule s'élargira et deviendra une source féconde de paix, de solidarité et de bienfaisance. Combien je serais heureuse si la lecture de ces lignes pouvait susciter le désir de suivre l'exemple de celle dont la vie fut la personnification du devoir. Dans sa famille, pour ses amis, auprès des œuvres et des blessés durant la guerre, à Cherbourg, à Lyon, partout on la trouve vigilante, courageuse, dévouée, tout *Amour*.

Son amour pour l'Humanité eût été incomplet sans amour pour la Nature et les Arts. Sa sollicitude pour les artistes n'avait d'égale que sa passion pour les fleurs. Les roses de son jardin recevaient sa visite journalière. L'œillet " Jeanne KŒHLER " créé par un heureux hasard au moment de sa promotion dans la Légion d'Honneur, ajoute à cette distinction si méritée le symbole du parfum discret et pénétrant de l'amitié, digne d'être l'image de son amour pour nous tous.

Il est aisé d'être à certain moment héroïque et généreux ; ce qui est plus difficile, c'est d'être constant et fidèle ; la persévérance de Madame Koehler dans l'effort pour travailler au bonheur des siens, pour mener à bien les œuvres entreprises commande la plus grande admiration. Il faut l'avoir vue payant de sa personne, ne comptant ni sa peine, ni son temps, sachant - avec quelle diplomatie - susciter les bonnes volontés, obtenir ce qui devait aider à la réalisation de ses désirs, pour apprécier combien les difficultés l'excitaient au lieu de la décourager. Son esprit se fortifiait dans la lutte. Son cœur étant l'allié de son intelligence, elle savait merveilleusement être à sa place partout. De Présidente imposante, digne d'occuper les plus hautes fonctions, elle savait, changeant de milieu, changer d'attitude et se mettre avec une bonne grâce, une amabilité infinie, à la portée de ceux avec lesquels elle se trouvait.

A côté du génie d'organisation qu'elle possédait à un si haut degré, elle avait le tact et la délicatesse indispensables pour faire le bien et sans lesquels la bonté n'est rien. Ouvrir son cœur est souvent plus nécessaire qu'ouvrir sa bourse. Donner à propos un bon conseil, un sage avertissement, une instruction utile, c'est donner plus que de l'or, il n'est pas de peine qu'une sympathie sincère et affectueuse n'allège. Le discernement de notre amie dans la distribution de ses bienfaits soit par le choix des moyens de les rendre utiles, soit par le choix des gens sur qui elle devait les répandre, peut servir de modèle à tous. Adoucir les peines morales, soulager les misères, maintenir la paix, créer du bonheur et pardonner était son ambition sur la terre.

Sa mort, paisible et sereine, fut une édification pour tous ceux qui eurent le douloureux privilège d'y assister, et une première récompense à une si belle vie. Sa famille, ses amis, peuvent lui en réserver une autre en suivant ses exemples, en collaborant aux œuvres auxquelles elle a donné le meilleur d'elle-même, en étant enfin, comme elle, tout *Amour*.